MAQUINARIA DE LA GRANJA

LA VIDA EN LA GRANJA

Lynn M. Stone

Traducido por Esther Sarfatti

Rourke Publishing LLC
Vero Beach, Florida 32964

MAQUINARIA DE LA GRANJA

Las **máquinas** de la granja hacen muchos de los trabajos que los granjeros hacían en otro tiempo. Pero las máquinas hacen el trabajo mucho más deprisa.

Las máquinas **agrícolas** se fabrican de muchos tamaños y formas. Todas tienen partes que se mueven. Algunas tienen motor.

Las máquinas agrícolas realizan muchos trabajos especiales. Algunas máquinas trabajan solas. Otras trabajan con un tractor.

El tractor se convirtió en el "caballo de hierro" de los granjeros en el siglo XX. Este es un tractor de los años 50.

Los trabajos de la granja se hacían con caballos y herramientas manuales. Hasta mediados del siglo XIX, no había máquinas agrícolas con motor. Existían pocas máquinas de cualquier clase. Los granjeros usaban caballos, mulos y **bueyes** para el trabajo del campo.

Los granjeros podían cultivar sólo lo necesario para sus familias. En cambio, con las máquinas podían producir suficiente alimento para vender.

Los granjeros con sus caballos hacían el trabajo que ahora hacen las máquinas.

TRACTORES

Un tractor realiza muchas tareas en la granja. Sus grandes y resistentes llantas le permiten moverse sobre terrenos desiguales, llenos de barro o nevados.

Un tractor puede usarse con otras máquinas y herramientas agrícolas. Puede arrastrar máquinas tales como sembradoras, arados, plantadoras y **empacadoras** de heno. Se le pueden acoplar unos brazos de acero para levantar cosas pesadas.

El conductor del tractor puede trabajar con todas estas máquinas desde el interior del tractor.

Los tractores modernos son máquinas grandes y resistentes a las que pueden acoplarse otras máquinas agrícolas.

MÁQUINAS DE LABRANZA

Se llama **labrar** a preparar el terreno para la siembra. Este es el primer paso para sembrar un cultivo. Las máquinas de labranza se encargan de labrar la tierra.

Una máquina de labranza importante es el pulverizador de discos. El pulverizador de discos tiene muchas cuchillas en forma de plato. Las cuchillas actúan como ruedas cuando se arrastra el pulverizador. Las cuchillas giran y van abriendo el terreno.

Las máquinas de labranza con cuchillas de acero abren y ablandan el terreno.

Una segadora funciona como una cortadora de césped gigante para cortar ciertos cultivos como el heno.

Esta empacadora de heno enrolla el heno segado en grandes balas redondas.

Otros tipos de máquinas de labranza cortan las plantas de los cultivos viejos y aplastan los terrones del suelo. El arado de cincel es una de estas máquinas de labranza pesadas. Los ligeros pulverizadores de discos alisan el suelo.

Las cuchillas redondas de este pulverizador de discos penetran el terreno para prepararlo para la siembra.

MÁQUINAS DE SIEMBRA

Las máquinas de siembra plantan las semillas en la tierra. La sembradora de maíz es una de las máquinas más ampliamente usadas. La sembradora de maíz tiene cuchillas redondas a ambos lados. Éstas hacen un **surco** en forma de V en la tierra. Los surcos son las líneas de plantación en un campo.

La sembradora de maíz echa las semillas en el surco, una a una. Según se va desplazando, la sembradora también cubre las semillas con tierra. El surco puede ser más o menos profundo, dependiendo de cómo el granjero regule la sembradora.

Las máquinas de siembra abren surcos y depositan semillas en ellos. También cubren los surcos con tierra.

Con algunos cambios, las sembradoras de maíz también pueden utilizarse para plantar semillas de soja, de calabaza y de algodón.

La sembradora a chorrillo es otra máquina de siembra. La sembradora a chorrillo se usa para sembrar pequeños granos como el arroz, la avena, el trigo y la cebada. Se usa también para la soja.

La cosechadora retumba como un tren a su paso por el maizal. Separa las mazorcas de maíz de sus tallos. Saca los granos de las mazorcas y los lanza en un granero. ¡Hace todo esto sin parar!

Las **empacadoras** recogen el heno segado y lo empacan en **balas.** Las balas pueden ser redondas o en bloque. Algunas pesan alrededor de 2.000 libras (909 kilogramos).

GLOSARIO

agrícola — relacionado con el cultivo de la tierra

bala — un atado de heno o paja

bueyes — toros mansos que se usan para arrastrar grandes cargas

cosechadora — una gran máquina de cosechar con tracción propia

empacadora — una máquina que recoge el heno y lo enrolla en balas

labrar — preparar los campos para la siembra

máquina — un conjunto de piezas en movimiento que, entre todas, desarrollan un trabajo

recolección — la cosecha o recogida de los productos de cultivo maduros

surco — una hilera del terreno en forma de V, en la que se siembran las semillas

ÍNDICE

Lecturas recomendadas

Armentrout, David & Patricia. *Farm Machinery*. Rourke Publishing, 1995.

Bushey, Jerry. *Farming the Land: Modern Farmers and Their Machines*. Lerner, 1993

Pang, Alex (illustrator). *Trucks, Tractors and Cranes*. Millbrook, 2000

Páginas Web para visitar

www.deere.com/deerecom_kids

www.historylink101.com/news/teacher_resources

Acerca del autor

Lynn Stone es autor de más de 400 libros infantiles. Sacar fotografías de la naturaleza es otro de sus talentos. Lynn, que antes fue maestro, viaja por todo el mundo para fotografiar la vida salvaje en su hábitat natural.